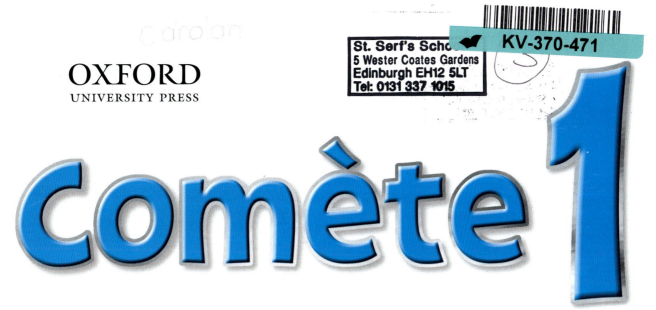

OXFORD
UNIVERSITY PRESS

Comète 1

Danièle Bourdais   Sue Finnie

Contents

Bonjour!

1

2

3

4

5

6

1	**Regardez!**
2	**Écoutez!**
3	**Parlez!**
4	**Écoutez et chantez!**

Les aventures de Néo

 5 Écoutez et regardez!

 6 Lisez!

C'est moi!

a Bonjour, mademoiselle!

b Bonjour, Monsieur Robin!

c Bonjour!

d Bonjour, madame!

e Bonjour, monsieur!

f Salut!

g Salut!

h Bonjour, Madame Dupré.

 **1 Écoutez!**

 **2 Lisez et parlez!**

Le bal costumé

1 Astérix

2 Titeuf

3 Harry Potter

4 Lisa Simpson

5 Fantômette

6 Cendrillon

3 **Regardez!**

 4 **Écoutez et regardez!**

 5 **Jouez!**

A: Numéro 2. Comment tu t'appelles?

B: Je m'appelle Titeuf!

Page perso

Adresse : @ http://www.jeremy.fr

Favoris Historique Recherche Album Garde-pages

Salut!
Je m'appelle Jérémy.
Bienvenue sur mon site!

C'est moi!

Mon CD préféré:
c'est AC/DC.
Le hard rock,
c'est super!!

AXELLE RED
JE ME FACHE

AC/DC
BLOW UP YOUR VIDEO

6 **Lisez et trouvez…**

- the boy's name
- his main hobbies
- his favourite type of music
- the name of a language he likes

Adresse : @ http://www.jeremy.fr

›aller à

Mon DVD préféré: c'est Star Wars.
C'est génial!

C'est en anglais. C'est cool!

Ma BD préférée: c'est Titeuf.

C'est méga cool!

Le message de Jérémy

 7 **Écoutez!**

 8 **Écoutez et chantez!**

CD? DVD? BD?
C'est en français?!

Je parle français

9 Écoutez!
10 Jouez!

Départ

Arrivée

le Québec

le Sénégal

Luc

Kiri

Tahiti

1

2

6

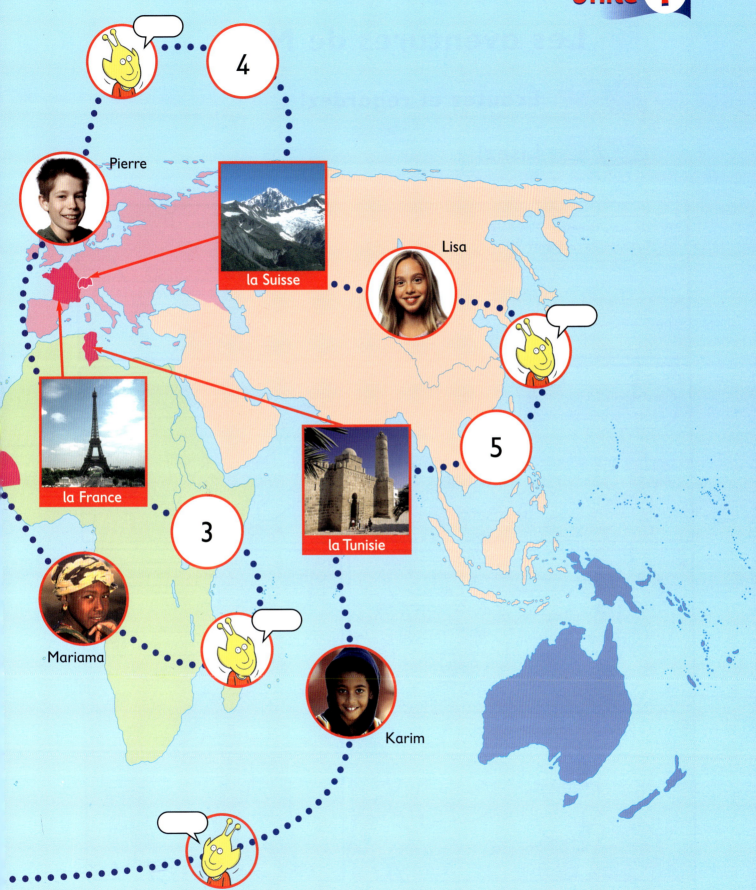

Les aventures de Néo

 **11** Écoutez et regardez!

 12 Lisez!

À vous!

13 **Fabriquez une marionnette!**

> Une assiette, s'il te plaît... Merci!

14 **Faites un mini-spectacle.**

> Bonjour! Tu parles français?

> Oui, je parle un peu français.

> Ah, c'est génial! Tu t'appelles comment?

> Je m'appelle Blobi. Et toi?

> Je m'appelle Krik. Ça va?

> Oui, ça va bien. Et toi?

> Ça va, merci. La France, c'est super!

Mon animal

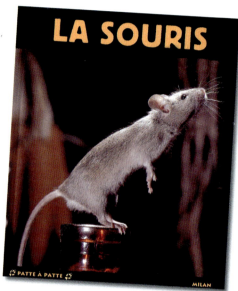

LA SOURIS

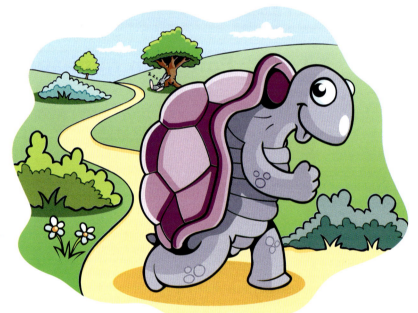

 1 **Écoutez!**

 2 **Écoutez et regardez!**

 **3** **Jouez!**

A: Numéro 3, c'est quoi?

B: C'est un poisson.

★ 2

★ 3

★ 6

A-H-K! Moi, ça va!

 4 **Écoutez!**

 5 **Écoutez et chantez!**

Workbook, p2, 9, 10

Tu as un animal?

J'ai un chat. Il s'appelle Tom.

Olivier

J'ai une souris. Elle s'appelle Minette.

Marie

Je n'ai pas d'animal.

Ali

 6 **Écoutez et lisez!**

7 **Parlez!**

Morgane   Arnaud   Anne   Paul   Charlotte

Les aventures de Néo

 8 **Écoutez et regardez!**

 9 **Lisez!**

Un petit poisson

1 Un petit, deux petits, trois petits poissons,
   Quatre petits, cinq petits, six petits poissons,
   Sept petits, huit petits, neuf petits poissons,
   Dix petits poissons **nagent**.

2 Une petite, deux petites, trois petites souris,
   Quatre petites, cinq petites, six petites souris,
   Sept petites, huit petites, neuf petites souris,
   Dix petites souris **mangent**.

3 petites tortues – **dorment**

4 petites araignées – **grimpent**

 10 Écoutez!

11 Chantez!

12 Trouvez!
  ● 7 tortues   ● 9 souris
  ● 8 poissons   ● 10 araignées

Le jeu des animaux

 13 **Jouez!**

Page perso

Salut!
Je m'appelle Rachida.
Bienvenue sur mon site!
Je parle français et arabe.

J'adore les chiens. J'ai un chien.
Il s'appelle Touffu. Il est cool!
J'ai six poissons.

Mon magazine préféré, c'est *Galopin*. C'est génial!

Mon film préféré, c'est *Comme chiens et chats*. Le héros, c'est un chien. Il est super.

Le message de Rachida

 **14 Écoutez!**

 **15 Lisez et trouvez...**

- the girl's name
- the languages she speaks
- her pets
- the name of a magazine she reads

À vous!

 16 **Faites des interviews sur les animaux.**

 17 **Complétez le poster.**

1

Tu as un animal?

Oui, j'ai un chat.

2

Tu as un animal?

Non, je n'ai pas d'animal.

3

Je m'appelle Chloé. J'ai un chien et sept poissons.

4

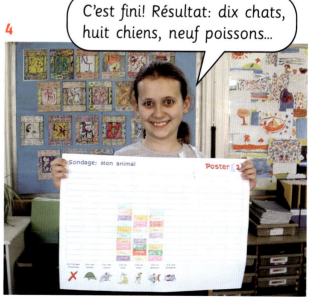

C'est fini! Résultat: dix chats, huit chiens, neuf poissons...

Histoire de monstre

Écoutez et lisez!

On joue?

1 Nicolas

un Monopoly

2 Katia

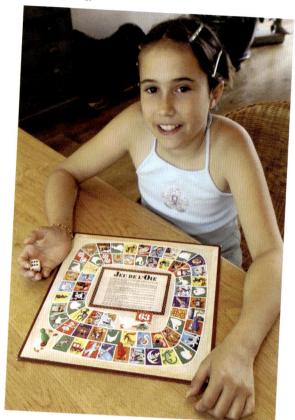

un jeu de l'oie

3 Coralie

une PlayStation

4 Louis

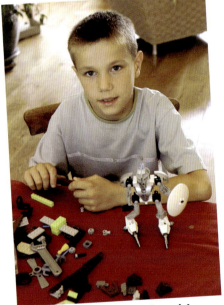

des légos

5 Lucas

un baby-foot

6 Julie

des boules

 1 **Écoutez et regardez!**

 2 **Parlez!**

A: Il ou elle?

B: Elle.

A: Elle a un jeu de l'oie?

B: Non, elle n'a pas de jeu de l'oie.

A: Elle a une PlayStation?

B: Oui, elle a une PlayStation.

A: C'est Coralie!

B: Oui!

 3 **Jouez!**

A: J'ai un Monopoly. On joue?

B: Oui. J'aime bien… / Non. Je n'aime pas…

   = Oui

   = Non

Workbook, p16

La France en couleurs

 5 **Écoutez!**

6 **Jouez au morpion.**

A: Un rectangle orange.

B: Un carré noir.

Etc.

Le drapeau bleu blanc rouge

3 le Japon
1 la France
5 l'Ukraine
7 l'Érythrée
9 le Groënland
4 le Bangladesh
8 le Laos
2 le Brésil
6 le Niger
10 l'Italie

 7 **Écoutez!**

 8 **Jouez!**

A: Je commence. Pour le Brésil, c'est un rectangle vert avec un losange jaune et un cercle bleu.

B: D'accord. C'est à moi. Pour l'Italie...

 **9** **Lisez!**

A noir
E blanc
I rouge
O bleu
U vert
Voyelles!

Arthur Rimbaud

Les aventures de Néo

Bonjour!
Je m'appelle Yoann. Bienvenue sur mon site!

Alors moi, j'ai un chien: il s'appelle Milou. Il est noir et blanc.
J'aime bien les chiens mais mon animal préféré, c'est le chat.

Mes passe-temps préférés:

J'aime bien les jeux vidéo. Je n'ai pas de PlayStation mais j'ai un ordinateur. Mon jeu préféré, c'est FIFA.

J'aime bien les magazines de sport: j'ai *Onze mondial* pour le foot.

Je n'aime pas la télévision mais j'aime bien les films. Mon film préféré, c'est *Taxi*. C'est génial!

Salut!

Le message de Yoann

Adresse: http://www.yoann.fr

Internet zone

12 **Lisez et trouvez...**

- the boy's name
- the name and colour of his pet
- his three favourite pastimes

 13 **Écoutez!**

Le jeu de l'oie

 14 **Jouez!**

À vous!

 15 Fabriquez un mini-twister!

Le bleu et le rouge, s'il te plaît... Merci!

 16 Maintenant, jouez!

Je commence ou tu commences?

Tu commences!

Alors, un carré rouge.

D'accord! À moi: un triangle vert.

OK! Un rectangle jaune... Ouah! Bravo! À toi!

Un losange bleu.

Ah, non! Tu as gagné, bravo!

Youpi! J'ai gagné! Bravo! À toi!

Ma famille

Salut! Je m'appelle Florence.

 **1** Écoutez!

1 Joëlle

3 Bruno

2 Philippe

4 Carine

5 Anne

6 Pierre

 **2** C'est qui? Jouez!

A: Le numéro 5, c'est qui?

B: C'est la grand-mère de Florence.

| le père | la mère | la sœur | le frère | la grand-mère | le grand-père |

Workbook, p22

Le fermier dans son pré

1 Le fermier dans son pré
Le fermier dans son pré
Ohé ohé ohé
Le fermier dans son pré

2 Le fermier prend un frère
Le fermier prend un frère
Ohé ohé ohé
Le fermier prend un frère

3 Le frère prend une sœur
4 La sœur prend un père
5 Le père prend une mère
6 La mère prend un chat
7 Le chat prend un rat
8 Le rat prend du fromage
9 Le fromage est battu!

La fête des Mères, c'est super!

 3 **Écoutez!**

 4 **Écoutez et chantez!**

Dans ma famille, il y a...

5

 5 Écoutez!

Dans ma famille, il y a ma mère, mon père, mon frère, ma sœur... et moi!

Sur la photo, il y a mon grand-père et ma grand-mère.

Workbook, p23

6 Parlez!

A: Ma mère est grise, ma sœur est rouge...

M	F
vert	verte
noir	noire
gris	grise
bleu	bleue
blanc	blanche
violet	violette
rouge	rouge
jaune	jaune
orange	orange
rose	rose

Workbook, p24

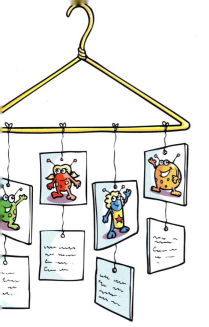

Bricolage: un mobile extra-terrestre

Il faut:

un cintre   de la ficelle   du carton   un crayon

des crayons de couleur   une règle   des ciseaux   du scotch

7   **Vous avez tout?**

8   **Lisez et faites le mobile.**

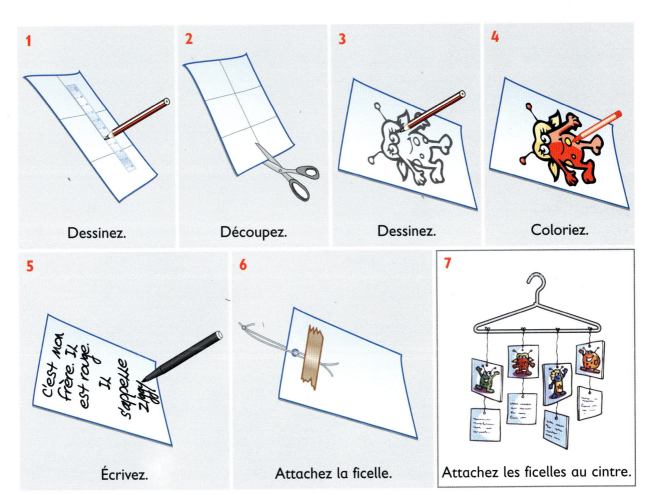

1   Dessinez.

2   Découpez.

3   Dessinez.

4   Coloriez.

5   Écrivez.

6   Attachez la ficelle.

7   Attachez les ficelles au cintre.

Extra-terrestres en classe

 9 **Écoutez!**

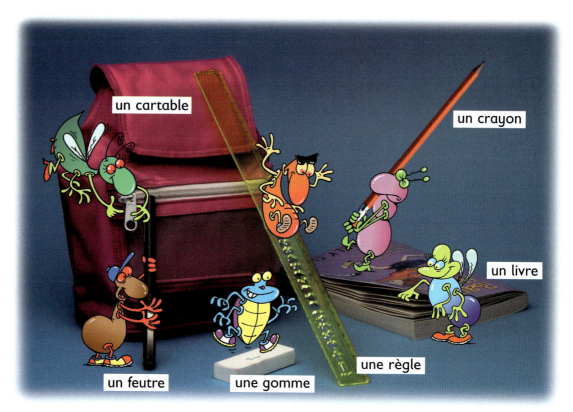

un cartable

un crayon

un livre

une règle

un feutre

une gomme

 10 **Parlez!**

C'est quoi?

C'est une gomme.

Deux jeux

 11 **Jouez!**

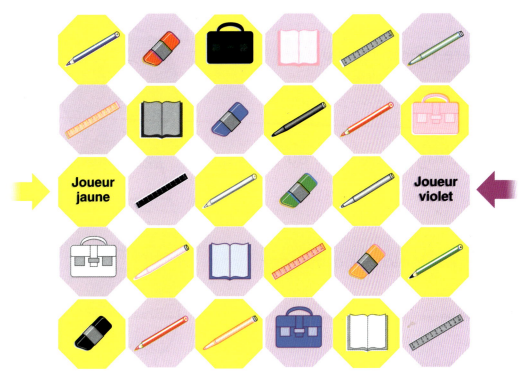

12 **Jouez!**

 13 **Écoutez et parlez!**

lundi   mardi   mercredi   jeudi
vendredi   samedi   dimanche

La famille Rigolo

  14 **Écoutez et lisez!**

a

b

1 La mère Rigolo fait du judo.

1, 2, 3, 4

2 Le père Rigolo travaille au bureau.

1, 2, 3, 4

c

3 La sœur Rigolo fait à manger.

1, 2, 3, 4

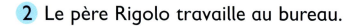
d

4 Le frère Rigolo regarde la télé.

1, 2, 3, 4

5 La grand-mère mange un gâteau.

1, 2, 3, 4

e

6 Et le grand-père joue aux légos.

1, 2, 3, 4

f

 15 **Écoutez!**

FLMNZ...

Workbook, p2

Les aventures de Néo

 16 **Écoutez et regardez!**   17 **Lisez!**

Page perso

Adresse : http://www.amélie.fr

Favoris
Historique
Recherche
Album
Garde-pages

Salut! Bienvenue sur mon site!
Moi, je suis Amélie Dupont… et voici ma famille!

Dans ma famille, il y a ma mère, mon beau-père, ma demi-sœur, mon frère et moi.

J'ai une souris. Elle est blanche. Elle s'appelle Flocon! Flocon dit bonjour!

J'aime faire du judo.
J'aime jouer aux boules.
J'aime dessiner.

Dimanche, c'est la fête des Mères.
Je dessine une carte pour ma mère.

Bonne
Fête
Maman

Le message d'Amélie

Internet zone

18 Écoutez!

19 Lisez et trouvez…

- the girl's name
- who is in her family
- two facts about her pet
- three of her hobbies
- why Sunday is a special day

Workbook, p28

La famille de Cendrillon

 **20** **Écoutez et lisez!**

 **21** **Jouez le sketch!**

Narrateur:	Regardez Cendrillon. Elle travaille tous les jours: lundi, mardi, mercredi, jeudi, vendredi, samedi, dimanche!
Cendrillon:	Je fais à manger… oh là là! Je n'aime pas travailler.
Narrateur:	Elle n'aime pas son père…
Père:	Silence, Cendrillon! Travaille!
Cendrillon:	Mon père est horrible.
Narrateur:	Elle n'aime pas sa belle-mère…
Belle-mère:	Silence, Cendrillon! Travaille!
Cendrillon:	Ma belle-mère est horrible!
Narrateur:	Elle n'aime pas ses frères et sœurs.
Frères et sœurs:	Silence, Cendrillon! Travaille!
Cendrillon:	Mes frères et sœurs sont horribles!
Narrateur:	Un samedi, un sorcier arrive…
Sorcier:	Bonjour, Cendrillon. Ça va?
Cendrillon:	Non, ça ne va pas. Ma famille est horrible.
Sorcier:	Passe-moi un crayon, s'il te plaît. … Merci. Abracadabra!
Cendrillon:	Oh, un ballon! Merci.
Père:	Tu as un ballon, Cendrillon? On joue au foot?
Cendrillon:	Euh… oui.
Belle-mère:	Moi, j'aime bien jouer au foot.
Cendrillon:	Oui?
Frères et sœurs:	Ne travaille pas, Cendrillon! Joue au football avec nous.
Narrateur:	Cendrillon joue avec sa famille.
Cendrillon:	Ma famille est méga cool!

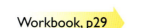

Le voyage de Max

Écoutez et lisez!

Max aime bien jouer avec sa PlayStation.
Son jeu préféré, c'est *Galaxie*. Méga cool!
Il y a des planètes bleues, des planètes rouges
et des planètes blanches.

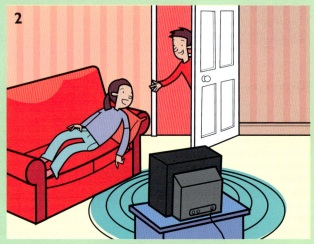

Aujourd'hui, c'est samedi. Max demande à sa
sœur: «Marie, on joue?»
Marie dit: «Non, je regarde un film rigolo.»
Dommage!
Max demande à son frère: «Hugo, on joue?»
Hugo dit: «Non, je dessine.» Dommage!

Alors, Max joue seul avec sa PlayStation.
Il attaque les météorites vertes, jaunes,
violettes. Douze, treize, quatorze, quinze…
génial! Paf! Il dit: «Je suis le champion!»

«Max! C'est moi!»
Max est surpris. C'est qui? C'est un extra-
terrestre… et il parle français!
Il dit: «Salut, Max! Entre! J'ai une mission pour
toi!»

«Une mission? Pour moi? C'est quoi?»
demande Max.
«La planète rouge, c'est ma planète. Elle est en
danger» répond l'extra-terrestre. «Regarde…
il y a des millions de météorites.»

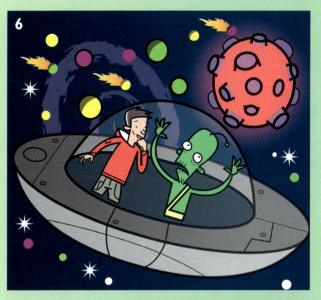

L'extra-terrestre dit: «Les météorites attaquent
ma planète! C'est horrible! Max, tu es le
champion!»

«Douze, treize, quatorze, quinze… génial!
Au revoir, les météorites!»
Les extra-terrestres crient: «Bravo, Max!»

La mère de Max entre. Elle demande: «Max, tu
joues encore sur ta PlayStation?»
Max dit: «Euh, non, je ne joue pas… je …
je …»
Il regarde la PlayStation. «Merci, Max!»
chuchote l'extra-terrestre. «Au revoir!»

Une bonne année

> Bonjour! Je m'appelle Quentin. Voici mon album-photos, avec mes fêtes préférées!

1

2

3

Halloween

la fête des Rois

la Chandeleur

Noël

Pâques

le Premier avril

En France, on fait des farces le Premier avril! Ah ah!

 1 Écoutez et regardez!

 **2 Jouez et parlez!**

A: La photo 3, c'est la Chandeleur.

B: Alors, Quentin est avec son père.

Bonne fête!

janvier	février	mars	avril	mai	juin
1er LE NOUVEL AN	**1er**	**1er**	**1er** LE PREMIER AVRIL	**1er**	**1er**
6 LA FÊTE DES ROIS	**2** LA CHANDELEUR		PÂQUES		LA FÊTE DES PÈRES
		21 *le printemps*		LA FÊTE DES MÈRES	**21** *l'été*
	28 (29)		**30**		
31		**31**		**31**	**30**

 3 **Lisez!**

 4 **Jouez!**

5 *An? On?* Écoutez!

Les aventures de Néo

J'ai 10 ans!

 8 **Regardez et écoutez! Répondez.**

 9 **Parlez!**

A: Tu as quel âge?

B: J'ai **10** ans.

A: C'est quand, ton anniversaire?

B: C'est le **21 mars**.

Joyeux anniversaire, Quentin!

Salut! C'est Quentin

C'est mon anniversaire! J'ai 10 ans!
J'invite mes copains et mes copines à une méga fête –
On joue, on danse, on mange!

date   samedi le 21 mars   à   14.00   heures

adresse   Quentin Roque
33, rue du Parc
Questembert

RSVP   tél: 02 97 26 31 18

10   **Regardez et mimez!**

 11 Lisez.

a On chante *Joyeux anniversaire* et on mange un gâteau.

b On joue.

c On regarde un film.

d J'ouvre mes cadeaux!

e On écoute de la musique et on danse.

Super, l'anniversaire de Quentin Roque à Questembert!

 12 Écoutez!

 13 Écoutez l'alphabet.

Page perso

Bonjour!
Je m'appelle Omar Tariq. Bienvenue sur mon site!

J'ai dix ans. Mon anniversaire, c'est le 12 mars.
J'ai un frère: il s'appelle Rachid. Il a huit ans. On n'a pas d'animal.

J'aime bien écouter de la musique et jouer à des jeux vidéo.
Je joue au football mais je ne suis pas super!

Ma fête préférée, c'est l'Aïd el Fitr, après le Ramadan.

Ma mère fait à manger. Ma grand-mère fait des gâteaux. Mon frère et moi, on a des cadeaux. On écoute de la musique, on chante, on danse.
C'est super sympa!

Allez, salut!

Le message d'Omar

Adresse : http://www.omar.fr

Favoris · Historique · Recherche · Album · Garde-pages

Internet zone

14 ## Lisez et trouvez...

- Omar's age and the date of his birthday
- who's in his family
- his hobbies
- his favourite special occasion

15 ## Écoutez!

À vous!

 16 Fabriquez un calendrier des fêtes!

Tu as le scotch, s'il te plaît?

Oui, voilà.

Merci.

 17 Maintenant, discutez!

Qu'est-ce que tu fais en juin?

Le 17 juin, c'est la fête des Pères. Le 19 juin, c'est l'anniversaire de ma sœur.

Qu'est-ce que tu fais?

Je fais un gâteau pour son anniversaire. Et toi, qu'est-ce que tu fais en juin?

Il y a la fête des Pères.

Qu'est-ce que tu fais?

Je fais une carte pour mon père.

De la tête aux pieds

 **1** **Écoutez et regardez!**

1

2

Allez-y!

Vas-y!

3

4

Bravo!

5

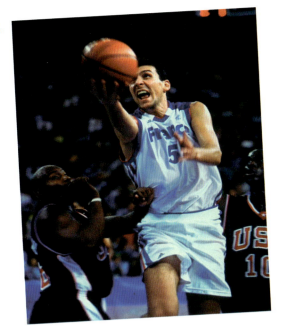

6

 2 **C'est quel sport? Jouez!**

A: Le numéro 1, c'est quel sport?

B: C'est le football.

| le hockey | le basket | le tennis | le football | le ski | la danse |

 3 **Écoutez!**

A: J'aime le football. ☺

B: Je n'aime pas le tennis. ☹

Un hamster qui aime le hockey!

Quelle tête!

 **4** **Écoutez!**

Alex

Lili

 **5** **Lisez et répondez!**

  a Qui a un nez jaune?

  b Qui a des cheveux roses?

  c Qui a des oreilles vertes?

  d De quelle couleur est la bouche de Lili?

  e De quelle couleur sont les yeux d'Alex?

 **6** **Parlez!**

  A: J'ai un nez jaune.   **B**: Tu es Lili.

  B: J'ai des oreilles vertes.   **A**: Tu es Alex.

	M	F
sing.	un nez vert	une bouche verte
pl.	des yeux verts	des oreilles vertes

Dessinez un extra-terrestre

Trois! J'ai une main.

Il faut:
un dé
du papier
un crayon

🎲 7 **Jouez!**

une tête

un bras

un corps

une main

une jambe

un pied

Super, les gestes!

8 **Écoutez et lisez!**

Ça va bien!

Youpi!!!

Khalida

Nicolas

Je ne sais pas.

Zahir

Chut!

Luc

Au revoir!

Julie

9 **Parlez!**

Dansez le Boogie-Woogie

10 Écoutez, chantez et dansez!

Je mets la main droite en avant
Je mets la main droite en arrière
Je mets la main droite en avant
Et je fais des petits ronds
Je danse le boogie-woogie
Et je tourne en rond
Et je m'en vais plus loin
Tchou tchou!

2 la main gauche
3 le bras droit
4 le bras gauche
5 le pied droit
6 le pied gauche

11 Il y a combien? Comptez:

- les têtes
- les jambes
- les yeux
- les nez.

Questions et réponses

 12 **Écoutez et regardez!**

 Parlez!

Ton monstre préféré a les yeux rouges?

Oui!

Il a quatre jambes?

Non, il a deux jambes.

Il a les bras bleus?

Non, il a les bras verts.

C'est le numéro un!

 13 **Parlez!**

Les aventures de Néo

 14 Écoutez et regardez!  **15** Lisez!

Page perso

http://www.marie-hélène.fr

Salut! Bienvenue sur mon site!
Je m'appelle Marie-Hélène…Marie-Hélène Lavorel.

J'ai des yeux bleus et des cheveux bruns.
Je mesure un mètre trente-cinq.
Dans ma famille, il y a ma mère, mon père, mes deux frères et moi.

J'adore le sport. Mon sport préféré, c'est le ski. En février, je fais du ski dans les Alpes.

Mes parents aiment jouer au tennis le dimanche.

Mes frères jouent au football le mercredi et le samedi.

Pour mon anniversaire, j'ai une crosse de hockey et un T-shirt. Voilà, c'est tout! Au revoir!

Le message de Marie-Hélène

Internet zone

G J X

16 Écoutez et regardez!

17 Lisez et trouvez…

I-SPY

- the girl's name
- who is in her family
- which month she goes skiing
- which sport her parents like
- which days her brothers play football
- when she got her hockey stick and T-shirt

Challenge top-forme

 18 **Écoutez!**

 19 **Suivez les instructions. Comptez vos points!**

1 Sautez! En 30 secondes…

1-15 fois = 2 points

16-24 fois = 5 points

25+ fois = 10 points

2 Touchez vos pieds! En 30 secondes…

1-10 fois = 2 points

11-20 fois = 5 points

21+ fois = 10 points

3 Lancez le ballon! Combien de paniers en 30 secondes?

2 points par panier

4 Marchez avec un livre sur la tête! Combien de secondes?

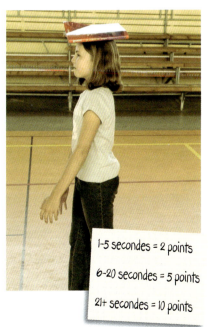

1-5 secondes = 2 points

6-20 secondes = 5 points

21+ secondes = 10 points

5 Courez 50 mètres! Combien de secondes?

1-10 secondes = 10 points

11-15 secondes = 5 points

16+ secondes = 2 points

6 Marchez 20 mètres sur les mains!

1-15 secondes = 10 points

16-30 secondes = 5 points

31+ secondes = 10 points

Le Petit Chaperon Rouge

Écoutez et lisez!

Il était une fois une famille, avec une grand-mère, une mère, un père, trois frères et une fille, le Petit Chaperon Rouge.

Aujourd'hui, c'est l'anniversaire de la grand-mère. Le Petit Chaperon Rouge (elle s'appelle Pauline) fait un gâteau – un gâteau blanc et rose. Délicieux!

Le Petit Chaperon Rouge apporte le gâteau à sa grand-mère. Dans la forêt, il y a un loup.
Il demande «Salut, Petit Chaperon Rouge. Il y a un gâteau dans ton sac?»
«Oui! C'est le gâteau pour l'anniversaire de ma grand-mère.»
«Ah! Délicieux!!! Au revoir, Petit Chaperon Rouge.»
«Au revoir, Monsieur le Loup.»

Le loup va vite chez la grand-mère. Il frappe à la porte: *Toc! Toc! Toc!*
«C'est qui?» demande la grand-mère.
«C'est moi, le Petit Chaperon Rouge» dit le loup.
«Entre, Pauline» dit la grand-mère.

Le loup entre et MANGE la grand-mère. Oh là là! Quel monstre!

Cinq minutes plus tard, le Petit Chaperon Rouge arrive chez sa grand-mère. Elle frappe à la porte: *Toc! Toc! Toc!*

«C'est qui?» demande le loup.

«C'est moi, le Petit Chaperon Rouge» dit Pauline. «J'ai un gâteau pour ton anniversaire!»

«Entre, Pauline» dit le loup.

Pauline entre. Elle regarde le loup et dit: «Oh, grand-mère, comme tu as de grands yeux!»

«C'est pour mieux te regarder» répond le loup.

Pauline regarde les oreilles du loup et dit: «Oh, grand-mère, comme tu as de grandes oreilles!»

«C'est pour mieux t'écouter» répond le loup.

Pauline regarde le nez du loup et dit: «Oh, grand-mère, comme tu as un grand nez!»

«C'est pour mieux te sentir» répond le loup.

Pauline regarde la bouche du loup et dit: «Oh, grand-mère, comme tu as une grande bouche!»

«C'est pour mieux te manger!» répond le loup.
Et il MANGE le Petit Chaperon Rouge! Oh là là!
Quel monstre!

Un bûcheron est dans la forêt. Il va chez la grand-mère. Il attaque le loup et libère le Petit Chaperon Rouge et sa grand-mère. Quel héros!

«Merci, monsieur!» dit la grand-mère.

«Merci, monsieur!» dit le Petit Chaperon Rouge.
Tout est bien qui finit bien.

OXFORD
UNIVERSITY PRESS

Great Clarendon Street, Oxford OX2 6DP

Oxford University Press is a department of the University of Oxford.
It furthers the University's objective of excellence in research,
scholarship, and education by publishing worldwide in

Oxford   New York

Auckland Cape Town Dar es Salaam Hong Kong Karachi
Kuala Lumpur Madrid Melbourne Mexico City Nairobi
New Delhi Shanghai Taipei Toronto

With offices in

Argentina Austria Brazil Chile Czech Republic France Greece
Guatemala Hungary Italy Japan Poland Portugal Singapore
South Korea Switzerland Thailand Turkey Ukraine Vietnam

Oxford is a registered trade mark of Oxford University Press
in the UK and in certain other countries

© © Danièle Bourdais and Sue Finnie 2004

The moral rights of the author have been asserted

Database right Oxford University Press (maker)

First published 2004

British Library Cataloguing in Publication Data

Data available

ISBN-13: 978 0 19 912409 1
ISBN-10: 0 19 912409 4

10 9 8 7 6 5 4 3

Printed in Italy by Rotolito Lombarda

Acknowledgements

The publishers would like to thank the following for their
permission to reproduce photographs:

Stuart Franklin/Action Images: p53l; Glyn Kirk/Action Plus: p53r;
James Hawkins/Alamy: p9bl; David Martyn Hughes/ Images-of-
France/Alamy: p2tl; Christine Osborne/World Religions/Alamy:
p50b; Christine Osborne/Worldwide Picture Library/Alamy: p2cr;
Martyn F Chillmaid: pp 18l, 24tl, 24bc, 24bl, 24tr; Philip James
Corwin/Corbis UK Ltd: p38b; Dimitri Iundt: p52br; Randy
Lincks/Corbis UK Ltd: p60; Richard T. Nowitz/Corbis UK Ltd: p50t;
David Pollack/Corbis UK Ltd: p60tl; Paul Seheult/Eye
Ubiquitous/Corbis UK Ltd: p2t; Peter Turnley/Corbis UK Ltd: p2br;
Penny Tweedie/Corbis UK Ltd: p2tr; Nik Wheeler/Corbis UK Ltd: p8r;
Corel Professional Photos: pp 8bl, 8t, 9l, 9t, 13t; Éditions
Multicolores: pp 4all, 6tr, 11all, 14all, 19tl, 19tr, 22all, 23all, 24tm,
24mm, 24mr, 24br, 29all, 30all, 38tr, 38tl, 51all, 55, 60bl, 60br,
61all; Christian Liewig/Empics: pp 52tl, 52tr; Nausicaa, Centre
National de la Mer: p13cr; Oxford University Press: pp 19bl, 19br,
27t, 52bl; Photodisc: p13b; Isopress Senepart/Rex Features: p24cl.

Artwork is by Martin Aston, Georgie Birkett, Jane Bottomley,
Gary Davies, Kay Dixey, Alice Gregory, John Hallett, Oxford Design
and Illustrators, Andy Robb, Mark Ruffle, Anthony Rule.

Cover artwork is by Andy Robb and Stefan Chabluk.

The listening material was edited and produced by Véronique
Bussolin/Éditions Multicolores at recording studio ANATOLE – LYON.
*Véronique Bussolin tient à remercier Fleur, Thierry, Hervé, Jean-Michel, Pierre
dans ce projet.*

Songs composed and arranged by Hervé Arnoux, Laurent Dratler,
Stuart Finnie, Solweg.

Singers: Elias Arnoud, Morgane Cartreau, Laurent Dratler, Noémie
Hauduroy, Apolline Ledain, Emanuelle Rey, Solweg.

Actors: Sacha Adam, Caroline Clozel, Damien Lacquet, Marine
Lecordier, Sarah Lecordier, Dominique Merot, Benoît Nicod.

The authors would like to thank the following for their help and
advice: Catherine Cheater, Lol Briggs (for reading and commenting
on the manuscript), Becca Heddle and Deborah Manning (editors),
Mary Rose (literacy links), Claire Trocmé (language consultant).

Danièle Bourdais wishes to thank her children, Samuel and Audrey,
for all their help and advice on *Comète. Un grand merci à deux enfants
merveilleux!*

Sue Finnie would like to thank her son Stuart for help and advice
and also for composing the music for the song *C'est Pâques ce matin.*

The publishers and authors would like to thank Paul Shipton and
Derek Strange for the use of ideas from *Chit Chat* (pp 34, 58).

The publishers would like to thank the following for permission to
reproduce copyright material:

Les Éditions Albert René (p7), Éditions Moulinsart (p7), Éditions
Glénat (p7), Éditions Milan (p12), Sony France (p6), Music and Roses
(p6), Gaumont (p13), Cheval Magazine (p18), Warner Brothers (p18),
Jacob Suchard France (p24), Europa (p27), Magazine Onze (p27).

Every effort has been made to contact copyright holders of material
reproduced in this book. Any omissions will be rectified in
subsequent printings if notice is given to the publisher.

Copymasters and posters

Artwork is by Jane Bottomley, Stefan Chabluk, John Hallett, Martin
McKenna, Oxford Design and Illustrators, Andy Robb, Anthony Rule.